Cawlach

Gŵyl Ddewi

Cawlach Gŵyl Ddewi

Casgliad o straeon a cherddi'n dathlu'r ŵyl

lluniau gan

MARIA ROYSE

Gomer

Cyhoeddwyd gyntaf yn 2012 gan
Wasg Gomer, Llandysul, Ceredigion, SA44 4JL

ISBN 978 1 84851 355 6

Dymuna'r cyhoeddwyr ddiolch i'r canlynol
am roi caniatâd i atgynhyrchu lluniau yn y gyfrol hon:
Llyfrgell Genedlaethol Cymru (t. 40)
Geoff Johnson (t. 35 – ffotograff o adfeilion capel Santes Non)
Janice Lane (t. 35 – ffotograff o Ffynnon Non)

Dymuna'r cyhoeddwyr gydnabod cefnogaeth
Adrannau Cyngor Llyfrau Cymru.

Argraffwyd a rhwymwyd yng Nghymru gan
Wasg Gomer, Llandysul, Ceredigion, SA44 4JL

www.gomer.co.uk

Cynnwys

Dewi a Mawrth y Cyntaf

Meinir Pierce Jones

ORWEDDAI Dewi ar ei fol ar y bwrdd derw hir yn gwylio'r Brawd Tomos yn paratoi moddion i'r Brawd Illtud. Dim ond nhw ill dau oedd yn fferyllfa'r mynachdy. Roedd pob un o'r Brodyr eraill yng ngwasanaeth tri o'r gloch Abaty Henfynyw.

I ddechrau, estynnodd y Brawd Tomos ddwy neu dair o ddail tansi sych a'u malu'n bowdwr â charreg wastad. Cododd yr arogl cryf i ffroenau Dewi. Roedd yn ei atgoffa am ddyddiau'r haf yng ngardd y mynachdy pan fyddai'n chwarae cuddio gyda'i ffrindiau, Cadwgan a Brython. Nesaf, estynnodd y Brawd Tomos ddail wermod lwyd oedd wedi bod yn sychu yn y to a'u gwasgu'n siwrwd rhwng ei fys a'i fawd.

Roedd Dewi'n adnabod y planhigion hyn yn iawn, a llawer mwy. Gwyddai ble a phryd i'w casglu o'r gwrychoedd, y goedwig a'r gors. Bu'n helpu'r Brawd Tomos er pan oedd yn chwech oed.

Gwyddai Dewi sut i wneud y moddion hwn hefyd – cam wrth gam. Moddion at y stumog oedd o. Gallai fod wedi'i wneud o ei hun.

'Gwraidd dant y llew nesa,' meddai Dewi. Pwyntiodd at y potyn pridd ar lechen las lle câi'r gwreiddiau eu cadw. 'Pinsied go dda ontife, Brawd Tomos.'

Nodiodd y Brawd Tomos ac estyn am y potyn. 'Ac wedyn? Yn olaf?'

'Ychydig o fêl a dŵr cynnes a chymysgu'r cyfan.'

Roedd dŵr yn cynhesu'n barod mewn crochan ar dân agored yn y gornel bellaf. Aeth y Brawd Tomos draw yno a chodi'r dŵr â lletwad fach. Ysgydwodd y ffiol bridd. Wedyn cymerodd ddarn o glai a'i rowlio rhwng ei fys a'i fawd i'w ystwytho. Hwn fyddai caead y ffiol.

'Pan fydda i'n fawr,' meddai Dewi gan neidio ar ei draed a dod draw at y Brawd Tomos â'r potyn mêl yn ei law. 'Rydw i am fod yn ffisigwr fel ti, Brawd Tomos.'

'Wel, fe gawn ni weld am hynny.' Gwenodd y Brawd Tomos. 'Falle fod gan Dduw waith arall ar dy gyfer di, Dewi.'

'Fel beth?'

'Bod yn sant, falle. Fel dy dad. A'r holl seintie eraill sydd yn dy deulu di. Sant Cenau. Sant Dogfael. Sant Pedr. Sant Gwynlle. Sant Afan …'

'Mae hynna'n hen ddigon o seintie mewn un teulu.'

'Dewi Sant. Mae'n taro'n dda ar y glust, ti'n gwbod.'

'Wel, byddai'n llawer gwell 'da fi fod yn ffisigwr – fel ti. Bydden i'n cael sbort yn gwneud diod fyddai'n gwneud i'r cryts eraill gnecen!'

'Dewi!' Edrychodd y Brawd Tomos yn flin arno, ond roedd ei lygaid glas yn dawnsio.

'Dwi eisie achub bywyde pobl!'

'Mae mwy nag un ffordd o wneud hynny. Dere, mae'n amser cychwyn nawr. Ac mae 'da ti dipyn o ffordd i fynd pnawn 'ma.'

Newidiodd wyneb Dewi'n llwyr mewn eiliad, a daeth cysgod tywyll drosto.

'Dwi ddim eisie mynd,' meddai, gan grafu'i droed ym mhridd y llawr.

'Pam? Mae'n bnawn braf.'

'Mae Cadwgan a'r bechgyn eraill yn dweud y bydd cŵn Annwfn a'r holl gythreuliaid yn dod allan heno – y noson cyn Mawrth y cyntaf.'

'Twt lol!'

'Mae ofn arna i. Ydy e'n wir, Brawd Tomos? Ydyn nhw'n dod?'

'Wel,' atebodd y Brawd Tomos yn ofalus. 'Mae rhai pobol yn taeru eu bod wedi'u gweld nhw'n carlamu drwy'r wybren, mewn car llusg tanllyd a mwg a brwmstan ffiaidd yn llenwi'r awyr o'u cwmpas. A'u bod nhw'n cipio pobol a phlant a'u llusgo i dwll uffern. Ond weles i na'r Brodyr eraill erioed ddim byd.'

'Beth tasen nhw'n fy nghipio i? A mynd â fi bant i dwll uffern?'

Ddywedodd y Brawd Tomos ddim gair am ychydig ond yna meddai, 'Cysgu dros nos yng nghell y Brawd Illtud fyddai ore os oes ofn arnat ti. Bydd e'n falch o gael cwmni. Dere gartre erbyn amser cinio fory.'

'Ond…' meddai Dewi. Roedd am ddweud nad oedd am gysgu yng nghell y Brawd Illtud chwaith. Roedd yr hen ddyn yn chwyrnu! Ac roedd yn drewi yn y gaeaf pan fyddai'n rhy oer iddo ymolchi yn yr afon.

'Cofia ddweud dy badere.' Rhoddodd y Brawd Tomos ei law ar ben y bachgen gwallt golau. 'Cofia ni'n gynnes at yr hen ffrind. A Duw gyda thi bob cam o'r daith.'

Yna gwnaeth arwydd y groes cyn troi'n ôl at ei waith, gan fwmian gweddi Ladin dan ei wynt.

Doedd dim pwrpas oedi mwy. Roedd yn rhaid mynd â'r moddion. Rhoddodd Dewi'r ffiol yn ei boced cyn troi a dechrau cerdded yn araf drwy'r ardd a thua phorth y mynachdy.

'Fe wela i di fory, Brawd Tomos,' gwaeddodd dros ei ysgwydd. 'Amser cinio. A chofia ddweud dy badere.'

Jôc oedd hynny wrth gwrs. Byddai'r Brawd Tomos yn gweddïo am tua phum awr bob dydd.

Wrth i Dewi nesu at gell y Brawd Illtud, doedd dim arwydd o fywyd yno. Adeilad bychan o garreg wrth ymyl ffynnon oedd y gell. Doedd dim ffenest, dim ond agoriad yn ddrws a tho o hesg anniben. Yn y gaeaf, byddai'r Brawd Illtud yn gwneud tân coed wrth yr agoriad i gadw'n gynnes. Roedd hi'n oer iawn heddiw, ond doedd dim sôn am fwg na thân.

'Brawd Illtud,' galwodd Dewi wrth nesáu. 'Fi sy 'ma, Dewi. Dwi wedi dod â moddion at eich bola tost!'

Ond ddaeth dim siw na miw o'r gell. Brysiodd Dewi yn ei flaen. Estynnodd y ffiol o'i boced. Roedd y moddion yn dal yn gynnes.

'Pnawn da, Brawd Illtud. Ydych chi'n cysgu?'

O'r diwedd clywodd Dewi sŵn gwan o'r gell. Nid llais oedd o chwaith ond griddfan. Sŵn rhywun oedd yn rhy wan i siarad. Roedd Dewi wedi cyrraedd agoriad y gell nawr. Safodd yn syn a syllu i mewn.

Ar lawr y gell roedd y Brawd Illtud yn gorwedd ar wely o hesg – wedi cyrlio fel cynrhonyn a'i freichiau am ei fol. Syrthiodd Dewi ar ei liniau a chropian ato. Teimlai croen yr hen Frawd yn oer, ac roedd yn crynu. Gallai Dewi weld ei wefusau'n symud wrth iddo weddïo.

'Dewch nawr.' Estynnodd Dewi hen flanced a'i rhoi am ei ysgwyddau. Yn ofalus, helpodd yr hen ŵr i godi ar ei eistedd. Mewn eiliad roedd wedi estyn y ffiol a thynnu'r belen glai yn rhydd.

'Dewch, bydd hwn yn eich gwella mewn chwinciad!'

Yfodd y Brawd Illtud ddiferyn neu ddau o'r moddion cyn troi ei ben draw. Roedd blas drwg iawn arno – er gwaetha'r mêl. Roedd cawg o ddŵr glân o'r afon yn y gell a llanwodd Dewi ei ddwy law a'u dal iddo gael yfed. Ar ôl sipian diferyn i gael gwared â blas y wermod, gorweddodd y Brawd Illtud eto. Gallai Dewi glywed ei ddannedd yn rhincian.

'Dwi'n mynd i wneud tân,' meddai gan neidio ar ei draed. 'Fe gasgla i goed yn y goedwig draw fan'co.'

I ffwrdd ag o. Mewn llai na phum munud roedd wedi casglu digon o briciau a brigau i wneud clamp o dân. Gosododd nhw'n bentwr, a thwr o ddail sych oddi tanynt. Roedd y Brawd Illtud yn arfer cadw dwy garreg wastad yn ei gell at gynnau tân. Cafodd Dewi sbarc yn syth wrth eu rhwbio yn erbyn ei gilydd. Gwirionodd wrth weld tafodau'r fflamau'n neidio wrth i'r coed ddechrau llosgi.

'Bydd hi'n gynnes yma mewn dim o dro. Fe gawn ni swper wedyn. Dwi wedi dod â bara a chaws.'

Gorweddodd Dewi am sbel i wylio'r tân yn llosgi. Roedd wedi blino ar ôl ei daith hir a'i draed yn brifo.

'Pum munud,' meddai wrtho'i hun, yn ddiog. 'Pum munud ac wedyn fe rof i fwy o'r moddion i'r Brawd Illtud a bydd e'n well mewn dim o dro.'

Ymhen llai na phum munud, roedd Dewi'n cysgu fel twrch o flaen y tân braf.

Pan ddeffrodd ymhen hir a hwyr roedd hi'n tywyllu ac yn rhewi. Doedd y tân yn ddim ond lludw. Neidiodd Dewi ar ei draed yn flin ag ef ei hun, ond roedd wedi codi ers pump o'r gloch i fynd i'r gwasanaeth boreol.

'Brawd Illtud, ydych chi'n well?' galwodd drwy'r gwyll. 'Ydy'r moddion wedi gweithio?'

Gwrandawodd yn astud am yr ateb: 'Ydy, glei!' Ond na. Efallai fod y Brawd Illtud wedi cysgu hefyd, meddyliodd. Cofiodd Dewi fel y byddai ei fam bob amser yn dweud mai cwsg yw'r moddion gorau. Aeth i lawr yn ei gwrcwd, a nesu at yr hen ŵr.

Cyn iddo gyrraedd ato, trawodd arogl cyfog ffroenau Dewi. Bu bron iddo yntau gyfogi. Gwasgodd ei ffroenau'n dynn rhwng ei fys a'i fawd.

'Brawd Illtud?'

Ond eto, ddaeth dim ateb. Llanwyd Dewi â siom. Roedd mor sicr y byddai'r moddion yn gwella'r claf yn syth. Ond, yn lle hynny, roedd yn fwy sâl. Gallai Dewi ei glywed yn ymladd am ei wynt ac yn tagu. Byddai pobl mor wael â hyn yn mynd i ysbyty'r mynachdy – y clafdy.

Ymbalfalodd ar y llawr pridd am y ffiol. Daeth o hyd iddi yn y man – yn ddarnau mân. Rhaid bod y Brawd Illtud wedi gorwedd arni. Roedd darn gwlyb lle roedd ei chynnwys wedi arllwys ohoni.

Syllodd Dewi ar yr hen ŵr gwael. Allai o mo'i adael fel hyn drwy'r nos. Beth petai'n marw cyn y bore? Doedd ganddo ddim diferyn o foddion i'w roi iddo nawr – dim byd ond dŵr a geiriau o gysur. A doedd hynny ddim yn ddigon.

Roedd yn rhaid gwneud penderfyniad. Aros yno neu fentro allan i'r nos. I Dewi, hwn oedd dewis mwyaf anodd ei fywyd.

Cododd a mynd draw i sefyll wrth agoriad y gell. Roedd hi'n noson dawel a'r awyr yn llawn sêr. Y tu ôl iddo, gallai glywed y Brawd Illtud yn griddfan mewn poen.

'Dwi'n mynd i nôl cymorth,' meddai Dewi mewn llais uchel, clir. 'Peidiwch â phoeni nawr. Dof â help mewn dim o dro.'

Trodd yn ôl unwaith eto i lapio'r hen ŵr yn gynnes yn ei flanced a rhoi dŵr glân wrth ei ymyl cyn mentro i'r nos.

Roedd Dewi hanner y ffordd ar hyd y llwybr cerrig o'r gell at y lôn las a arweiniai'n ôl i'r mynachdy dros y rhosydd llwm, pan gofiodd am gŵn Annwfn a'r holl gythreuliaid. Ac erbyn hynny, roedd yn rhy hwyr.

Ar y dechrau, cerddai Dewi'n fân ac yn fuan gan graffu ar ei draed. Roedd hi'n nos ddu ers meitin, a'r lloer yn diflannu weithiau y tu ôl i gwmwl. Roedd angen bod yn ofalus rhag iddo faglu.

Clustfeiniai wrth fynd. Rhedai nant fach i lawr o'r bryniau a thincial dros y cerrig. Yn y goedwig gerllaw, galwai'r tylluanod ar ei gilydd – tw-it-tw-hw.

Mor braf fyddai bod wrth y tân yn y fferyllfa, meddyliodd Dewi. Câi wylio'r Brawd Tomos yn gwneud eli o ddeilen gron. Yna picio i'r ardd i weld oedd llysiau'r wennol wedi dechrau egino. A breuddwydio am fod yn ffisigwr ei hun ryw ddydd, os na fyddai gan Dduw waith arall iddo, fel roedd y Brawd Tomos wedi dweud.

Roedd Dewi ar lwybr y rhos erbyn hyn. Doedd dim clawdd na choeden i roi cysgod iddo. Clywai ei draed yn taro'r ddaear yn galed. Ac er ei bod yn finiog oer, a'i fod wedi gadael ei fantell yn y gell, roedd yn chwysu.

Heb iddo sylweddoli, aeth camu'n frasgamu. Yna, dechreuodd redeg. Rhedeg nerth ei draed.

Roedd Dewi wedi dychmygu sut y byddai'n gweld cŵn Annwfn a'r holl gythreuliaid yn rhuthro tuag ato dros y gorwel mewn cerbyd rhyfel ag adenydd, a'r awyr o'u cwmpas yn tanio'n wyrdd a melyn ffiaidd. Yn ei feddwl gallai weld y cythreuliaid creulon yn gyrru'r cŵn yn galed rhwng y siafftiau a'r rheiny'n dangos eu dannedd miniog ac yn gwingo gan boen y chwip. Byddai gan y diafoliaid gyrn yn dod o'u pennau, llygaid fel tyllau o dân, ac ewinedd hir, cyrliog. Wrth ei weld, bydden nhw'n newid cyfeiriad y ccrbyd cyn plymio tua'r ddaear i'w gipio yn eu crafangau.

Yn sydyn daeth arogl blew ci i'w ffroenau. Rhwbiodd ei drwyn yn galed ond mynnai'r arogl ymwthio i fyny ei ffroenau. Roedd fel arogl ci hela ond yn llawer mwy drewllyd. Cyflymodd ei gamau. Nesaf, teimlodd frathiad cas yn ei glust a gwaeddodd mewn poen. Dechreuodd chwifio'i freichiau'n wyllt ond doedd dim byd yno. Edrychodd o'i gwmpas a gweld parau bach o oleuadau cochbinc yn wincian yn greulon arno o'r awyr o'i gwmpas. Ac er na welodd yr un chwip, clywodd ei chlec yn torri trwy'r tywyllwch a'i chynffon yn crafu cnawd ei foch gan dynnu gwaed.

Yn y funud ofnadwy honno, cofiodd Dewi am eiriau'r Brawd Tomos – 'Duw gyda thi bob cam o'r daith'. A dechreuodd adrodd pader dan ei wynt, a'i adrodd â'i holl galon. 'Credo in Deum Patrem omnipotentem; Creatorem caeli et terrae … Credaf yn Nuw Dad hollalluog, creawdwr nef a daear …'

Ac felly, gan floeddio'r pader, â'i ddwylo dros ei glustiau a'i ddwy lygad ar y lôn droellog o'i flaen y carlamodd Dewi am ei fywyd nes gweld golau gwan mynachdy Henfynyw yn y pellter. Roedd yn gweiddi cymaint erbyn hynny nes bod y Brodyr wedi rhuthro allan i weld beth oedd yr helynt. Prysurodd y rhai agosaf ato a'u breichiau ar led ac aeth eraill i nôl y Brawd Tomos, y ffisigwr.

Ymhen dim o dro roedd criw bach wedi cychwyn am gell y Brawd Illtud yn cario bwyd, moddion a dillad cynnes.

Roedd yr hunllef drosodd.

'Brawd Tomos,' meddai Dewi ar ôl i lampau'r criw achub ddiflannu i'r nos. O'r diwedd, roedd wedi cael ei wynt ato. 'Beth petai cŵn Annwfn a'r holl gythreuliaid wedi cael eu crafangau yno i? Beth fyddai fy hanes heno?'

'Byddet ar dy ffordd i dwll uffern,' atebodd y Brawd Tomos yn syth. 'Ond ddigwyddodd hynny ddim. Roeddet ti'n ddiogel. Roedd Duw yn dy warchod di.'

'Oedd,' cytunodd Dewi. 'Diolch iddo! A diolch i ti a Mam a'r Brodyr am ddysgu'r gweddïe i mi. Ond …?'

'Ond beth, Dewi?'

'Wel…beth am yr holl bobol eraill? Mae'r cythreuliaid yn dal rhai bob blwyddyn, on'd ŷn nhw? Pobol a phlant bach. Sut mae rhoi diwedd ar strancie cŵn Annwfn a'r holl gythreuliaid?'

Syllodd y Brawd Tomos yn hir ar Dewi cyn ateb.

'Yn ôl y sôn,' meddai, 'mae ffordd.'

'Beth yw honno?' gofynnodd Dewi.

'Yn syml,' meddai'r Brawd Tomos, 'rhaid i Fawrth y cyntaf fod yn ddiwrnod i sant.'

'Sant?'

'Ie, ac wedyn byddai'r holl ddrygioni'n dod i ben am hanner nos. A byddai'n rhaid i gŵn Annwfn a'r holl gythreuliaid droi'n ôl am adre, yn lle codi ofn ar bawb tan doriad gwawr.'

Edrychodd Dewi'n ddifrifol ar y Brawd Tomos pan glywodd hyn. 'A phwy fydd y sant hwnnw?' gofynnodd.

'Dwi ddim yn gwybod, wir,' atebodd y Brawd Tomos â'i lygaid yn disgleirio. 'Dwed di wrtha i, Dewi.'

Ar hynny, dechreuodd y gloch ganu i alw pawb i'r gwasanaeth hanner nos. Trodd y ddau a dechrau cerdded yn araf tua'r eglwys a'r bore newydd.

Roedd hi'n Fawrth y cyntaf.

Bara a Dŵr

Tudur Hallam

Bara a dŵr, bara a dŵr,
dyna yn wir hoff bethau'r gŵr.
Gardd o lysiau,
cawl i'r byrddau –
dyna hoff bethau'r gŵr.

Siarad â phlant, siarad â phlant,
dyna yn wir hoff waith y Sant.
Adrodd straeon,
creu breuddwydion –
dyna hoff waith y Sant.

Y gwan a'r tlawd, y gwan a'r tlawd,
dyna yn wir hoff ffrindiau'r Brawd.
Mam anghenus,
claf gofidus –
dyna hoff ffrindiau'r Brawd.

A Duw y nef, a Duw y nef,
dyna yn wir ei gariad ef.
Duw'r gweddïau,
Duw ei wyrthiau –
dyna ei gariad ef.

Cofio a wnawn, cofio a wnawn
am Sant ein gwlad, am ddyn o ddawn.
Cofio'i hanes,
cofio'i neges –
cofio, cofio a wnawn.

Bara a dŵr, bara a dŵr,
dyna yn wir hoff bethau'r gŵr.
Gardd o lysiau,
cawl i'r byrddau –
dyna hoff bethau'r gŵr.

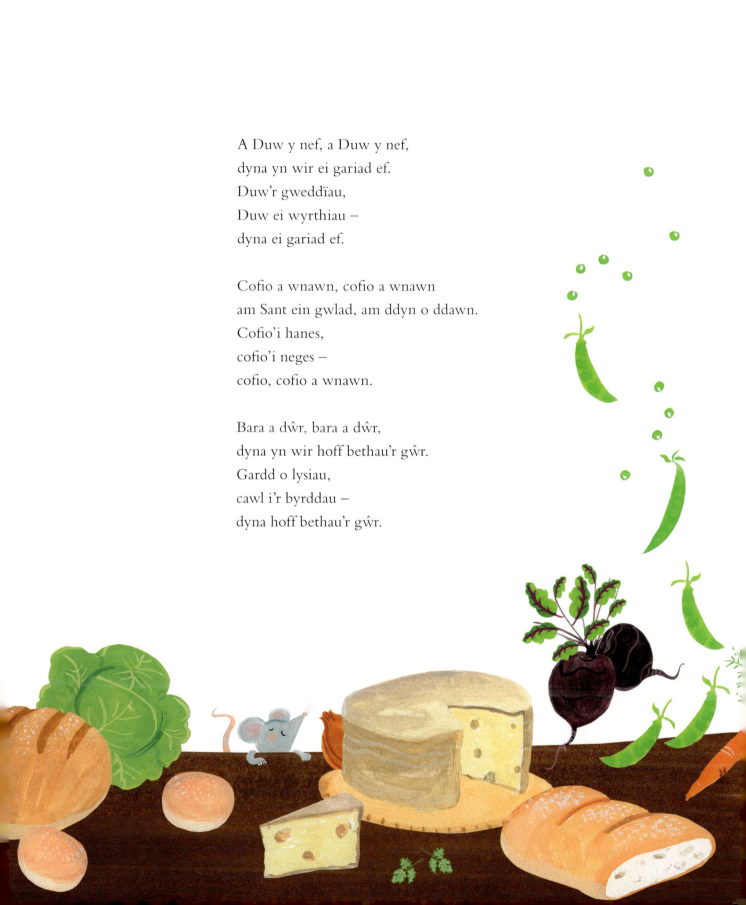

Dewi Sant

Tudur Hallam

Dyn doeth a dyn o deithiau – dyn y bobl,
Dyn Beibl a gweddïau,
Dyn o Dduw, dyn da'n ddiau,
Dyn nerthol, dyn o wyrthiau.

Diwrnod Daff a Dil

Eurgain Haf

'Daff! Wyt ti wedi bod yn poitsio efo fy Seinydd Swynol?' dwrdiodd Dad o'r atig. 'Mae'n mynnu chwarae carolau Nadolig. Ac mae'n wanwyn erbyn hyn!'

'A Dil, wyt ti wedi rhoi burum yn y gymysgedd pice ar y maen? Maen nhw wedi codi fel torth!' cwynodd Mam o'r gegin.

Tylwyth teg direidus a drygionus dros ben oedd Daff a Dil, felly roedd clywed cwynion fel hyn yn beth cyffredin iawn ar eu haelwyd hudol. Doedd dim yn well ganddyn nhw na chwarae triciau ar aelodau eu teulu rownd y ril. Efeilliaid oedden nhw ac fe'u ganwyd ar wawrddydd Gŵyl Ddewi pan oedd y wlad yn garped o ddaffodiliau aur. Dyna pam, yn ôl rhai, eu bod yn edrych fel dau genhinen Bedr fach â'u gwallt melyn yn lapio fel petalau o amgylch eu hwynebau main fel utgyrn. Gwisgai'r ddau ddillad gwyrdd bob amser, ond bod Daff yn gwisgo trowsus gwyrdd tyn a Dil yn gwisgo sgert fach bletiog werdd.

Fe'u ganwyd union hanner can mlynedd yn ôl, cyfnod hir iawn i chi a fi, ond ysbaid fer yn oes y tylwyth teg. Dyna i chi Pibyr Caswallor Farfog XII, er enghraifft. Roedd o'n dathlu ei ben-blwydd yn fil a phum cant oed eleni! Roedd rhychau fel rhisgl coeden ar ei wyneb ac roedd ei farf wedi tyfu mor hir fel y gellid ei lapio o amgylch ei stwcyn o gorff ugain o weithiau! Roedd pawb ym myd y tylwyth teg yn edmygu Pibyr. Roedd bob amser yn barod i rannu ei ddoethineb a theithiai'r wlad yn cenhadu ac yn ceisio helpu eraill. Dywed rhai fod Dewi Sant yn ddylanwad mawr ar Pibyr. Roedd yn byw yn yr un cyfnod â Dewi ac yn arfer gwrando arno'n pregethu, felly roedd yn awyddus i barhau â'i waith da. Dyna pam bod Pibyr yn cynnal cystadleuaeth arbennig i'r tylwyth teg ifanc bob blwyddyn ar Ddydd Gŵyl Dewi.

Bwriad y gystadleuaeth 'Gwnewch y Pethau Bychain' oedd annog y tylwyth teg ifanc i wneud cymaint â phosib o dasgau a fyddai'n gwella bywydau pobl

19

eraill. Y rhai a fyddai'n llwyddo i wneud y nifer fwyaf o dasgau cymwynasgar ar Ddydd Gŵyl Dewi fyddai'n ennill y wobr. A gan fod Daff a Dil yn dathlu eu pen-blwydd yn hanner cant ar Ddydd Gŵyl Dewi eleni, roedden nhw bellach yn ddigon hen i gystadlu.

'Wwww, yli be ydy'r wobr, Dil!' ebychodd Daff yn gyffrous. 'Hudlath Sbrii DS.'

'Cŵl! Meddylia faint o hwyl gawn ni wrth chwarae triciau ar bobl efo honna,' fflachiodd llygaid direidus Dil.

Pan wawriodd Dydd Gŵyl Dewi roedd cannoedd o dylwyth teg wedi ymgasglu ar y Maes Aur yng nghanol y cennin Pedr i glywed Pibyr yn cyhoeddi manylion y gystadleuaeth. Roedd y tylwyth teg ifanc yn poeni gan nad oedd neb yn gallu gweld Pibyr am ei fod mor fach. Go brin y bydden nhw'n gallu ei glywed chwaith. Ond gwyddai'r tylwyth teg hŷn fod gan Pibyr dric defnyddiol iawn i fyny ei lawes!

'Aaaaatish-wwwWWWWW!'

Atseiniodd tisian Pibyr dros y Maes Aur. Roedd pawb yn gwybod bod ganddo alergedd i baill y cennin Pedr (a oedd braidd yn anffodus!). Tynnodd hances felen o'i diwnig a sychu'i drwyn yn swnllyd â hi cyn ei gosod ar y darn o dir oddi tano. Lledodd yr ebychiadau drwy'r dorf fel crychau mewn pwll o ddŵr wrth i'r tir godi'n fryn uchel o dan draed Pibyr. Rŵan, gallai pawb ei weld. Dyma dric arall a ddysgodd gan Dewi Sant!

'A wnaiff yr holl gystadleuwyr ymgynnull wrth droed y bryn, os gwelwch yn dda?' cyhoeddodd Pibyr yn drwynol.

Rhuthrodd Daff a Dil draw i sicrhau eu bod yn cael safle da.

'Rŵan, mae gennych chi hyd at hanner nos i gyflawni cynifer â phosib o weithredoedd da, boed hynny ym myd y tylwyth teg neu ar dir Betws y Bobl. Yr unigolion neu'r grŵp â'r mwyaf o farciau fydd yn ennill,' cyhoeddodd Pibyr ar dop ei lais. 'Ewch a gwnewch y pethau bychain. Aaaaatish-wwwWWWWW!'

Heb wastraffu eiliad neidiodd Daff a Dil ar y chwa nesaf o awel nerthol a ddaeth heibio. Cludodd honno nhw dros fryn a dôl yr holl ffordd i diroedd Betws y Bobl (sef ein byd ni – chi a fi). Ciliodd yr awel a'u gollwng yn swp wrth ochr oen bach newydd-anedig oedd yn brefu'n wan yng nghornel y cae. Daeth bref bryderus o ben arall y cae i'w ateb.

'O! Mae'r peth bach wedi colli'i fam,' synhwyrodd Dil. 'Be am i ni eu helpu nhw i ddod o hyd i'w gilydd?'

'Gwych, un marc i ni,' clapiodd Daff wrth i'r oen bach redeg at ei fam. 'Mae hyn yn mynd i fod yn hawdd. Be nesa, 'sgwn i?'

Clywodd y ddau sŵn cloch yn canu yn y pellter a phenderfynu mynd i archwilio. Wrth hedfan at y pentref daeth yn amlwg mai cloch yr ysgol oedd yn cyhoeddi ei bod yn amser chwarae. Llifodd haid o blant trwy'r drysau fel eliffantod gwyllt gan weiddi a sgrechian yn uchel.

'Dyma gyfle am hwyl, Dil,' gwenodd Daff yn ddireidus. 'Be am i ni hedfan yn nes.' Cuddiodd Daff a Dil y tu ôl i'r clawdd a gwylio'r plant yn chwarae.

'Pa iaith mae rhai ohonyn nhw'n ei siarad, Daff?' crafodd Dil ei phen.

'Dwi ddim yn siŵr iawn, ond mae'n swnio'n debyg iawn i Saesneg,' gwgodd ei brawd.

'Ond ysgol Gymraeg yw hon. Drycha ar yr arwydd fan'cw – YSGOL GYNRADD GYMRAEG GLANDDEWIHELI. Dylai'r plant i gyd fod yn siarad Cymraeg ar yr iard amser chwarae, yn enwedig ar Ddydd Gŵyl Dewi!' mynnodd Dil.

Trawodd y ddau olwg ddrygionus ar ei gilydd. Crychodd Dil ei thrwyn fel cwningen cyn dechrau yngan y geiriau hud:

Ewch a gwnewch y pethau bychain.
Siaradwch Gymraeg neu ddechrau rhechain!

'Pwww!' Pwyntiodd rhai o'r plant at griw yng nghornel yr iard gan ddal eu trwynau. Bob tro roedd un o'r plant yn dweud gair Saesneg roedd yn torri gwynt! Felly, dechreuodd pawb siarad Cymraeg gyda'i gilydd.

'Hi hi, dyna ddysgu gwers iddyn nhw,' piffiodd Daff. 'Ymlaen â ni!'

Hedfanodd y ddau ohonyn nhw i gyfeiriad pentref Glanddewiheli. Ond wrth hofran dros y gerddi, clywodd clustiau main Dil sŵn oedd yn awgrymu bod rhywun yn anhapus iawn. Plymiodd y ddau i'r ddaear a chlustfeinio ar sgwrs ddwys yr hen arddwr Defi Wyn â'i gi, Sionyn.

'Hen gnwd sâl iawn o gennin sydd gen i eleni, Sionyn bach,' ochneidiodd Defi Wyn, gan godi dyrnaid o lysiau digon llipa'r olwg. 'A minnau wedi gobeithio ennill y wobr gyntaf yn Ffair Ŵyl Ddewi neuadd y pentref heno, gan mai dyma fydd y tro olaf i mi gystadlu cyn ymddeol.'

Plygodd Sionyn ei ben yn dosturiol.

'O wel, waeth i ni gasglu be sy'n weddill rhag ofn fod un ohonyn nhw wedi tyfu'n fwy na'r lleill. Croesa dy bawennau am ychydig bach o lwc, Sionyn bach,' meddai Defi Wyn gan gychwyn yn obeithiol am y rhes o gennin.

Winciodd Daff ar Dil. Tyrchodd ym mhoced ei drowsus a thaflu llond llaw o lwch hud dros un genhinen. Dowciodd y ddau i'r deiliach wrth i Defi Wyn a Sionyn agosáu, a phenlliniau'r hen ŵr musgrell yn clecian fel castanéts. Cydiodd Defi Wyn yn y genhinen a cheisio'i thynnu o'r pridd. Ond doedd dim yn tycio. Defnyddiodd bob gewyn o'i nerth i geisio'i thynnu, ac ymhen hir a hwyr daeth i'r golwg. Roedd y genhinen yn anferth ac yn mesur o leiaf hanner metr o hyd. Lledodd gwên fel gât ar draws wyneb Defi. Roedd ganddo siawns dda o ennill gwobr yn y ffair heno efo'r genhinen hon!

'Rhywbeth *bach* i'ch gwneud chi'n hapus, Defi Wyn!' gwichiodd Daff, gan wybod nad oedd clustiau pobl yn gallu clywed lleisiau'r tylwyth teg. 'Pob lwc heno.'

Ac ymlaen â nhw i chwilio am fwy o bobl i'w helpu ym mhentref Glanddewiheli. Erbyn i'r haul fachlud roedden nhw wedi llwyddo i helpu sawl un, gan gynnwys gwella annwyd Tesni Mai fel y gallai ganu fel eos yn y ffair. Roedd clocsiau Siôn Dafydd hefyd wedi'u trwsio fel y gallai gymryd rhan yn y ddawns werin.

Roedd y Ffair Ŵyl Ddewi yn un hwyliog iawn a'r neuadd yn llawn o stondinau'n gwerthu pice ar y maen, bara brith a chawl cennin. Roedd yno gystadlaethau canu a dawnsio gwerin, a'r gystadleuaeth i ddarganfod y genhinen fwyaf, wrth gwrs. Ond sylwodd Daff a Dil nad oedd sôn am Defi Wyn yn unman. Yna, agorodd y drws led y pen a cherddodd yr hen ŵr i mewn, yn gwegian dan bwysau cenhinen anferth ar ei gefn. Rywsut, llwyddodd Defi i gario'r genhinen at y stondin i'w beirniadu. Ond torrodd y bwrdd dan ei phwysau.

'O diar, rhaid fy mod wedi taflu gormod o lwch hud ar y genhinen,' meddai Daff yn bryderus.

'Do, ac yli, mae'n dal i dyfu!' ychwanegodd ei chwaer.

Wir i chi, ers i Defi ddod drwy'r drws roedd y genhinen wedi tyfu cyn uched â'r to ac mewn perygl o greu twll yn y trawstiau. Roedd yn chwyddo'n fwy ac yn fwy ac yn edrych fel petai ar fin ffrwydro . . .

SBLAT!

Chwalodd y genhinen dros bob man! Chwyrlïodd darnau gwyrdd o'r
llysieuyn anferth dros y neuadd gan sbydu'n slwtsh ar y waliau…ac ar y
ffenestri…a thros ddillad pawb…a hyd yn oed dros walltiau'r dawnswyr
gwerin! Rhoddodd Daff a Dil eu dwylo dros eu clustiau yn disgwyl i'r lle
ffrwydro â bonllefau blin, gyda phawb yn pwyntio bys at Defi Wyn, druan.
Ond yn hytrach, dechreuodd pawb chwerthin lond eu boliau. Diolch byth,
roedd trigolion Glanddewiheli wedi gweld y peth yn ddoniol.

'Hidiwch befo,' gwaeddodd Anti Sulwen, cogydd yr ysgol. 'Fe rown ni'r
darnau o gennin yn y cawl fel bod digon ohono i bawb!'

Ochneidiodd Daff a Dil mewn rhyddhad, er bod eu hymgais i wneud
rhywbeth bach i helpu y tro hwn wedi troi'n dipyn o gawlach!

Heb oedi dim, hedfanodd y ddau yn ôl i fyd y tylwyth teg mewn pryd i
glywed dyfarniad y gystadleuaeth. Ac er nad Daff a Dil enillodd yr Hudlath
Sbrii DS, roedd y ddau wedi mwynhau eu diwrnod yn fawr. O hyn ymlaen, yn
hytrach na bod yn ddireidus, roedden nhw am wneud mwy o'r pethau bychain
i helpu eraill.

Cenhinen Pedr

Ceri Wyn Jones

Mae cenhinen Pedr gennyf
mewn pot blodyn ar ben stôl,
ond sai'n siŵr beth fydd yn digwydd
pan fydd Pedr 'moyn hi nôl.

Y Cawlach Rhyfedda

Llinos Dafydd

Does dim byd yn well gennyf i na chawl llysiau –
'Rôl cymysgu'r moron a'r pys a'r perlysiau,
Taflu'r tatws a'r cig a'r cennin i'r crochan
A'u berwi nes bod popeth yn tawel ffrwtian.

Pupur a halen gyda winwns a phannas
A sweden fawr gron wedi'i thorri'n faint addas,
Yn canu 'da'i gilydd yn flasus a swynol
Wrth i stêm hyfryd godi o'r wledd ddelfrydol.

Ond dyna i chi gawl oedd yma y llynedd
Ar Ddydd Gŵyl Dewi, pan aeth pethau'n go ryfedd –
Neidiodd y cennin o'r pridd cyn eu codi
A dianc o'r ardd yn llawn cyffro a miri.

I lawr â nhw wedyn i'r pentref ar garlam
Heibio pawb a phopeth ar ras igam-ogam,
O gwmpas yr eglwys a draw dros y bryniau
A minnau'n stryffaglu, yn dynn ar eu sodlau!

'Stopiwch nhw!' bloeddiais nerth esgyrn fy mhen
Gan duchan ac ysu i'r ras ddod i ben,
Ond ymlaen aeth y cennin nes cyrraedd y top
A dyna pryd ddaeth pob llysieuyn i stop!

Ar y bryn yr oedd mynach a'i eiriau fel swyn
Yn denu i wrando ar 'i bregeth mor fwyn –
Am wneud pethau mawr ac am wneud pethau bychain
Gan feddwl am eraill yn lle ni ein hunain.

Yn sydyn, daeth golau i oglais fy llygaid
A sŵn llais cyfarwydd i'm deffro fel coflaid,
Dwy lygad a thrwyn a cheg ddaeth i'r golwg –
A'r cennin yn freuddwyd, roedd hynny'n go amlwg.

Wedi sôn wrth Mam am y cennin a'r mynach
Adroddodd hi stori nad oedd yn gyfrinach,
Am Dewi, ein nawddsant, a oedd wir yn seren,
A'i eiriau mor ddoeth ac mor ddisglair â'r heulwen.

Dyn da oedd Dewi, yn ôl pob stori –
A gallwn yn wir wneud â'i gwmni e heddi
I'm helpu â'r llysiau – dwi mewn tipyn o drwbwl
Wrth wneud cawlach o'r cawl – a'm meddwl mewn cwmwl.

Tyddewi

Catrin Stevens

PETAECH chi wedi bod yn berson crefyddol yn ôl ymhell yn yr Oesoedd Canol, efallai y byddech chi wedi mynd ar bererindod – taith arbennig – i Dyddewi yn sir Benfro. Roedden nhw'n credu bod dwy daith i Dyddewi cystal ag un i Rufain, a thair taith i Dyddewi cystal ag un i Jeriwsalem. Pam, tybed?

Roedd Tyddewi'n bwysig oherwydd mai yma, yng Nglyn Rhosyn, ar lan afon Alun, y dewisodd Dewi Sant godi eglwys tua OC 550. Fel mae'r enwau Llanddewibrefi yng Ngheredigion, Llanddewi Nant Hodni yng Ngwent, a llawer Llanddewi arall yn dangos, roedd gan Dewi nifer o eglwysi yn ne Cymru, ond Tyddewi oedd ei brif eglwys. Bu'n rhaid iddo yrru'r pennaeth lleol, Bwya neu Boia, a'i deulu, o'u tir, er mwyn gallu adeiladu ei fynachlog yng Nglyn Rhosyn.

Yn amser Dewi roedd hi'n fwy diogel i deithio dros y môr nag ar y tir, a chan fod Tyddewi ar lan y môr, roedd hi'n gyfleus i'r seintiau hwylio i Iwerddon, Llydaw a Chernyw oddi yno. Roedd hi'n hawdd hefyd i elynion, fel y Llychlynwyr yn eu cychod hirion, ymosod ar yr eglwys. Cafodd yr Esgob Morgeneu ei ladd ganddyn nhw yn 999, ac mae carreg fedd i Hedd ac Isaac, dau o feibion yr Esgob Abraham a gafodd eu lladd gan y Llychlynwyr yn 1080, i'w gweld yn Nhyddewi heddiw.

Erbyn y cyfnod hwn, Tyddewi oedd eglwys gadeiriol de-orllewin Cymru. Dim ond pedair eglwys gadeiriol oedd yng Nghymru: Bangor, Llanelwy, Llandaf a Thyddewi. Roedd esgobion Tyddewi yn credu y dylai hi fod yn brif eglwys Cymru gyfan, a'i hesgob yn archesgob Cymru. Ond ddigwyddodd hynny ddim. Archesgob Caergaint yn Lloegr oedd yn ben ar holl eglwysi Cymru.

Bu sawl person pwysig yn ymweld â Thyddewi yn y cyfnod hwn. Yn 1081, daeth brenin y Deheubarth, Rhys ap Tewdwr, yma i gwrdd â Gruffudd ap Cynan, brenin Gwynedd, i wneud llw uwchben crair Dewi Sant ac i weddïo am fuddugoliaeth ym mrwydr fawr Mynydd Carn. Yn yr un flwyddyn galwodd Gwilym Goncwerwr, brenin Lloegr, heibio ar ei ffordd adre o Iwerddon.

28

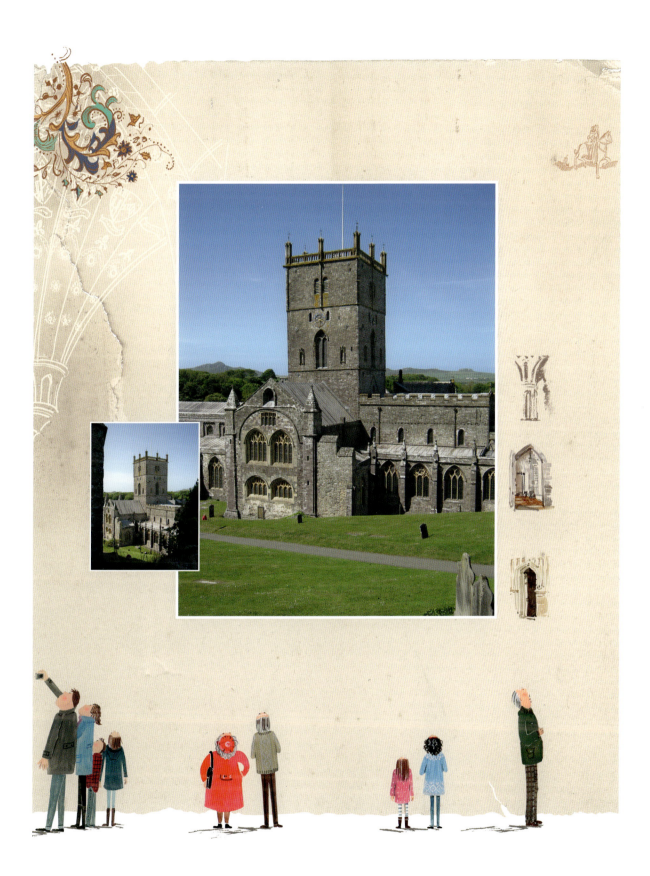

Erbyn heddiw, does dim byd ar ôl o eglwys na mynachlog Dewi. Cafodd rhan o'r adeilad sydd i'w gweld yma heddiw ei chodi yn ystod cyfnod yr Esgob Peter de Leia, tua 1181. Dyma pryd y daeth yr Archesgob Baldwin o Gaergaint ar ymweliad â'r eglwys yng nghwmni'r awdur Gerallt Gymro.

Ond cafodd y rhan fwyaf o'r adeilad modern ei godi yn y bedwaredd ganrif ar bymtheg, gan y pensaer Syr Gilbert Scott. Yna, yn 2004-7, cafodd oriel a ffreutur hardd eu hychwanegu. Mae'r eglwys gadeiriol wedi newid ac esblygu llawer dros y canrifoedd.

Wrth ymweld â'r eglwys fe sylwch ar sawl peth diddorol. Mae corff yr eglwys yn hir iawn. Yn wir, dyma'r eglwys hiraf yng Nghymru: yn 92 metr o hyd. Ac os edrychwch i fyny, fe welwch chi nenfwd wych o bren, a osodwyd tua 1500. Efallai y sylwch chi hefyd fod llawr yr eglwys ar ychydig o oledd; mae hynny oherwydd bod dŵr o dan sylfeini'r pen gorllewinol. Ond peidiwch â phoeni, mae'r adeilad yn hollol ddiogel!

O fewn yr eglwys mae nifer o feddau enwogion. Mae sôn mai bedd yr Arglwydd Rhys, tywysog y Deheubarth a fu farw yn 1197, yw un ohonyn nhw, ac mae bedd trawiadol Edmwnd Tudur, tad y Brenin Harri VII yma. Mae cerfluniau o Dewi Sant a Gerallt Gymro yn yr eglwys hefyd, ond rhai modern ydyn nhw.

Blwch yn cynnwys esgyrn Dewi Sant oedd yn denu'r pererinion i Dyddewi yn bennaf. Yn 1275 cafodd creirfa ei hadeiladu yn arbennig i arddangos y blwch. Roedd y pererinion yn fodlon talu arian da i gael gweld y greirfa (ond nid yr esgyrn, wrth gwrs). Erbyn hyn, mae gwyddonwyr wedi gallu dyddio'r esgyrn yn fanwl. Darganfuon nhw mai esgyrn sawl person oedd yn byw tua 700 mlynedd yn ôl sydd yn y blwch, ac nid esgyrn Dewi Sant!

Mae nifer o adeiladau hyfryd eraill yn y clos o gwmpas cadeirlan Tyddewi. Dyna olion Llys yr Esgob, adeilad mawr, hardd a gafodd ei godi gan yr Esgob Henry Gower tua 1328-47. Yma, yn y Neuadd Fawr, y byddai'r pererinion yn cael llety a chroeso gan yr esgob. Ar ôl i'r Protestaniaid gael gwared â'r Catholigion yng nghyfnod y Brenin Harri VIII, penderfynodd Esgob Tyddewi symud cartref yr esgob o Dyddewi i Abergwili, ger Caerfyrddin. Ond wnaeth e ddim llwyddo i symud yr eglwys gadeiriol ei hun. Yn anffodus, dros y blynyddoedd, aeth y llys â'i ben iddo. O gwmpas tir y gadeirlan mae mur uchel ac mae'r ffordd i mewn iddi trwy Borth yr Eglwys a Thŵr y Gloch.

Y tu allan i fur y gadeirlan mae dinas Tyddewi ac yn ei chanol mae Croes Dewi.

Yna, ryw filltir i'r de mae Eglwys a Ffynnon y Santes Non. Yn ôl y chwedl, hi oedd mam Dewi, ac yma y cafodd ei eni. Roedd y ffynnon yn boblogaidd iawn gan bererinion. Bydden nhw'n taflu arian a chyrc i'r dŵr, ac yn gweddïo am help y Santes Non.

Mae pererinion, yn bobl mewn oed ac yn blant ysgol, yn dal i deithio i Dyddewi heddiw. Maen nhw'n rhyfeddu at yr eglwys hardd sy'n cuddio yn y cwm, ac at yr awyrgylch heddychlon. Ydy, mae'n werth y daith.

Y Pethau Bychain . . .

Hywel Griffiths

'Dwi ddim yn licio'r pethau mawr,'
Gwaeddodd Dewi wrth y cawr,
Cyn codi'r tir nes bod y blodau
Lan ei drwyn ac yn ei glustiau.

'Mae'n well gen i weld pethau bychain.
Well gen i ddau na phedwar ugain,
Tywod mân o dan fy nhraed,
Mwydod, pryfed a brogaed.
Sŵn ton fach, nid sŵn y môr,
Sŵn unawdydd, nid y côr,
Sŵn cyfrinach wrth ei sibrwd,
Awel fach drwy'r ŷd yn siffrwd.
Y drudwy lleiaf, nid yr eryr,
Y pellter lleia sydd i'w fesur,
Y lonydd cefn, nid traffyrdd hir
Yw'r pethau dwi'n eu hoffi, wir!

Dechrau crio wnaeth y cawr,
Hyd nes bod ei ddagrau mawr
Yn llifo fel afonydd dyfnion
A'i ddwy lygaid fel dwy ffynnon.

Wrth ei draed fe waeddodd Dewi,
'Sycha'r dagrau, paid â phoeni!
Wrth ymyl mynydd mawr yr Wyddfa,
Rwyt tithau'n fach fel pilipala!'

Sychodd yr hen gawr ei drwyn,
A gwenodd ar y sant yn fwyn,
Cyn codi'i ffrind rhwng bawd a bys
A'i roi ym mhoced ucha'i grys.

Non

Non Vaughan Williams

Ydych chi'n hapus â'r enw sydd gennych chi? Mae rhywun, rai blynyddoedd yn ôl, wedi dewis eich enw'n arbennig ar eich cyfer. Efallai iddyn nhw ddewis yr enw hyd yn oed cyn i chi gael eich geni. Petawn i wedi bod yn fachgen, roedd fy rhieni wedi penderfynu mai Brychan fyddai fy enw. Wel, dwi ddim yn siŵr a ddylwn i fod yn falch ai peidio fod Mam a Dad wedi dewis yr enw Non i mi.

Dim ond tair llythyren fach sydd yn N-O-N ac mae dwy ohonyn nhw'r un fath yn union − 'N'! Dwi'n siŵr y gallai Mam a Dad fod wedi defnyddio mwy o ddychymyg. Mae 28 llythyren yn yr wyddor Gymraeg, ond fe benderfynon nhw ddewis dwy! Gallen nhw fod wedi dewis Gwenan (chwe llythyren), Rhiannon (saith llythyren) neu hyd yn oed Gwenhwyfar (deg llythyren). Pan oeddwn i'n fach, roeddwn i am gael fy ngalw'n Sheryl. Os oeddwn i'n chwarae gêm ac yn cael dewis enw i fi fy hun, roeddwn i bob amser yn dewis Sheryl. Dwi ddim yn gwybod lle clywes i'r enw, oherwydd doedd dim sôn am Cheryl Cole bryd hynny, ond roeddwn i'n hoffi sŵn yr enw ac fe fyddwn i'n ei ailadrodd yn dawel wrthyf fi fy hun: Shshshshshsherrrrrrrrrylllllllllll. Sheryl. Sŵn hardd gyda digon o gytseiniaid ac ychydig o lafariaid. Roedd Non yn swnio mor anniddorol, mor swta, mor ddi-ddim.

A dyna lle roedd y tynnu coes yn dechrau. Non-stick. Non-flammable. Non-hyn a Non-llall. Os oedd unrhyw un am ddweud rhywbeth negyddol, roedden nhw'n rhoi Non o'i flaen. Pan fyddwn i'n mynd ar fy ngwyliau haf yn y garafán gyda Mam a Dad a fy chwaer, byddai rhywun yn gofyn yn y parc ar ôl swper, 'What's your name?' A byddwn i'n mwmial, 'Non'. Yna bydden nhw'n gofyn eto, 'What? Is that a real name?' Neu'n waeth byth yn gofyn, 'So what's that in English?' Ydych chi'n gwybod beth yw Non yn Saesneg? Dwi ddim. Does yna ddim fersiwn Saesneg ohono. Siwan yw enw fy chwaer, sef Joan neu Joanne yn Saesneg.

CARN HEN

G

Gn · · Dn

D

Y PORTH MAWR

Y TRAETH MAWR

NON

PORTH STINAN

TYDDEWI

CAPEL NON

BAE NON

BAE CAERFAI

BAE PORTH LISGI

CARREG FRÂN

Yr hyn oedd waethaf am gael Non yn enw oedd nad oeddwn i'n adnabod yr un Non arall. Yr unig Non roedd fy ffrindiau wedi clywed amdano oedd dyn o'r enw Non oedd yn byw ym Mhontrhydfendigaid. Felly roeddwn i'n dechrau poeni mai enw bachgen oedd fy enw i… nes i mi glywed am un Non arall. Non Tudur oedd yn byw yn Lledrod. Roeddwn i'n byw ar bwys Tregaron bryd hynny, ac mae Lledrod yn ddim ond tua phum milltir i ffwrdd. Ond pan oeddwn i'n wyth oed, roedd Lledrod yn teimlo'n bell, felly ni chefais erioed gyfle i gyfarfod â'r Non arall. Ond o leiaf merch oedd hi.

Roeddwn i'n casáu fy enw am 364 diwrnod o'r flwyddyn heblaw am un diwrnod arbennig pan oedd yna gyfle i ymfalchïo ynddo. Efallai eich bod yn medru dyfalu mai Mawrth y cyntaf oedd y diwrnod hwnnw. Y noson cynt byddwn yn rhoi'r dillad Gŵyl Ddewi yn barod at y bore canlynol: sgert, ffedog, blowsen wen, siôl a chenhinen Bedr i'w chau, a'r het dal a'i ffril wen. Drwy gydol y dydd byddai cyfle i ddathlu a chlywed yr enw Non yn cael ei ddweud, ei ganu, a'i adrodd yn ysgol Pen-uwch, a finnau'n gynnes drwydda i wrth glywed fy enw dro ar ôl tro.

Bydden ni'r plant wedi bod yn ymarfer caneuon Gŵyl Ddewi am oesoedd cyn y diwrnod mawr, ac athrawes o'r enw Mrs Jones oedd yn ein dysgu ni. Ei henw cyntaf oedd Madge (ie, fel yn y Simpsons). Cawl oedd i ginio, wedi ei goginio gan Mrs Woodward (Catherine oedd ei henw hi, oedd yn swnio'n enw egsotig iawn) ac roedd y cawl hwnnw'n hyfryd.

Cawl oedd i swper hefyd, gan y byddwn i'n mynd i festri capel Llwynpiod i gael cawl oedd wedi bod yn ffrwtian drwy'r dydd, â gwragedd yr ardal yn gofalu'n dyner amdano, a Mam-gu yn eu canol. Roedd pawb yn dod â rhyw gynnyrch – tatws, moron, cig. Dod â'r caws oedd cyfrifoldeb ein teulu ni – gwaith hollol anniddorol yn fy marn i, gan mai rhywbeth ar gyfer y bwrdd yn unig oedd y caws, ac nid ar gyfer y crochan. Roedd Mawrth y cyntaf yn mynd yn rhy gyflym o lawer, ac ym mhen dim roedd yn amser rhoi'r wisg yn y cwpwrdd am flwyddyn arall.

Wrth dyfu'n hŷn, dwi wedi dysgu byw gyda'r enw Non, ac wedi dod i'w hoffi. Dwi wedi dod i adnabod neu wybod am Non-au eraill, yn eu plith, Non Evans: y Non fwyaf enwog. Dyma athletwraig sydd wedi chwarae rygbi dros Gymru ac sydd hefyd wedi cynrychioli ei gwlad mewn campau megis codi pwysau, jwdo a reslo. Bellach mae'r enw Non wedi teithio'r byd gan gynrychioli

Cymru yng Ngêmau'r Gymanwlad, a dyma'r ferch gyntaf erioed i gynrychioli ei gwlad mewn tair camp yn y gêmau hynny. Dyma i chi Non a hanner!

Roedd mam Dewi Sant, sef y Non fwyaf adnabyddus, yn fenyw bwysig – roedd hi wedi dod â pherson gwyrthiol i'r byd. Lleian oedd yn byw tua'r bumed ganrif oedd Santes Non, ac yn ôl yr hanes roedd hi'n perthyn i'r Brenin Arthur. Efallai i chi weld pentrefi yng Nghymru o'r enw Llan-non – mae yna bump ohonynt i gyd, gydag eglwysi Santes Non gerllaw iddynt. Ar lwybr yr arfordir yn sir Benfro, heb fod ymhell o Dyddewi, gallwch weld adfeilion capel Santes Non. Yno hefyd mae Ffynnon Non, ffynnon a darddodd o'r lle ganwyd Dewi Sant – lle delfrydol i fynd ar brynhawn braf o haf. Bydd hi braidd yn oer yno ar Fawrth y cyntaf, mae'n siŵr!

Pan fydd rhywun yn gofyn i fi nawr beth yw fy enw, dwi'n falch o roi'r ateb Non! Mae'n enw sy'n hawdd i'w ddweud, yn hawdd i'w ysgrifennu, yn hawdd i'w gofio a dwi'n gallu egluro â balchder 'mod i wedi fy enwi ar ôl Santes Non, mam ein nawddsant – Dewi Sant.

Y Wisg Gymreig

Dewi Pws Morris

'Smo gwisgo'r Wisg Gymreig
Yn gweddu i mi o gwbwl.
Sane gwyn, sgidie tyn,
Hen bais a betgwn ddwbwl.
Fi yw'r UNIG UN yn y dosbarth
Sy'n casáu ei gwisgo hi.
'Chweld, ma'r lleill i gyd yn ferched
A'r unig fachgen –
FI!!!!!

Golwg ar y Wisg Gymreig

Catrin Stevens

AR Ddydd Gŵyl Dewi mae llawer o ferched Cymru yn edrych yn smart iawn yn eu 'Gwisgoedd Cymreig'. Maen nhw'n gwisgo sgert goch neu sgert siec goch a du, blowsen wen, ffedog wen neu ffedog siec, betgwn a siôl liwgar, a het ddu, dal.

Ond ydy hon yn 'Wisg Gymreig' go iawn? Pa mor hen yw hi? Ac ydy hi'n perthyn i Gymru mewn gwirionedd?

Mae'n rhaid mynd yn ôl ddwy ganrif i gael atebion i'r cwestiynau hyn. Bryd hynny, doedd neb wedi clywed am 'Wisg Gymreig', ond roedd y menywod yn gwisgo betgwn a siôl wrth eu gwaith bob dydd. Roedd menywod ar draws Ewrop yn eu gwisgo hefyd, ond roedden nhw'n dechrau mynd allan o'r ffasiwn. Yng Nghymru, daliodd y menywod i'w gwisgo ar ôl i bawb arall stopio. Betgwn streipiog oedd yn ffasiynol yng Nghymru, a byddai gan felinau lleol eu patrymau gwahanol. Felly doedd dim *un* patrwm unigryw i'r 'Wisg Gymreig'.

A beth am yr het ddu, sy'n edrych fel simnai dal? Wel, doedd merched Cymru ddim yn gwisgo het fel hon yn aml. Roedd hi'n rhy uchel. Byddai wedi bod yn amhosib gwneud llawer o waith ynddi! Het isel, ag ymyl llydan, fyddai gan fenywod gan amlaf yng Nghymru ddau gan mlynedd yn ôl, nid het ddu, dal.

O ble, felly, y daeth y 'Wisg Gymreig' rydyn ni i gyd yn gyfarwydd â hi heddiw?

Wel, mae Cymraes enwog a chyfoethog o'r enw Augusta Hall, Arglwyddes Llanofer, Gwent, yn chwarae rhan bwysig yn y stori hon. Roedd hi wedi syrthio mewn cariad â'r iaith Gymraeg ac â'r syniad o wisg genedlaethol i Gymru. Yn 1834 enillodd Augusta wobr am ysgrifennu traethawd yn Eisteddfod Gwent a Morgannwg. Yn hwn, roedd hi'n sôn am yr iaith a'r 'Wisg Gymreig', ac yn dweud bod gan bob sir ei fersiwn ei hun o'r wisg hon. Yn y traethawd hefyd roedd darluniau deniadol ohonyn nhw wedi'u peintio. Daeth y lluniau'n boblogaidd iawn, a dechreuodd pobl hawlio mai dyma oedd gwisg draddodiadol Cymru.

HET GOPA DAl (du)

TÊl Bô

GWASGOD

CLOCSIAU

BETGWN

FFEDOG

SIÔL

DEFNYDDIAU

Roedd yr Arglwyddes yn cefnogi eisteddfodau'r Fenni hefyd. Wrth i ferched orymdeithio yno yn eu 'gwisgoedd Cymreig' y cafodd y wisg 'genedlaethol' ei gweld yn gyhoeddus am y tro cyntaf.

Yn Neuadd Llanofer ei hun roedd yr Arglwyddes yn mynnu bod pob morwyn a thenant ar ei stad yn siarad Cymraeg, ac yn gwisgo'r wisg draddodiadol Gymreig bob dydd. Roedd yn rhaid i bob menyw oedd yn ymweld â'r plasty wisgo fel hyn hefyd! Pam? Oherwydd bod Augusta Hall eisiau iddyn nhw deimlo'n fwy Cymreig. Roedd hi eisiau profi hefyd fod gwlanen Cymru yn gallu bod yn ffasiynol ac yn ymarferol. Do, cafodd syniadau Arglwyddes Llanofer ddylanwad mawr ar hanes gwisg genedlaethol merched Cymru.

Ond nid dyna'r stori i gyd. Erbyn canol Oes Victoria roedd llawer o ymwelwyr yn dod i Gymru ar wyliau. Roedden nhw'n gwybod am wisgoedd cenedlaethol gwledydd eraill Ewrop, er enghraifft, clocsiau a hetiau gwynion yr Iseldiroedd a chiltiau tartan lliwgar yr Alban, ac roedden nhw eisiau gweld y Cymry yn eu gwisgoedd cenedlaethol hefyd. Dechreuodd ffotograffwyr dynnu lluniau o fenywod mewn betgynau a hetiau tal yn yfed te a sgwrsio. Bydden nhw'n gwneud cardiau post o'r ffotograffau hyn, ac yn eu gwerthu i'r twristiaid. Lluniau ffug oedd y rhain yn aml iawn. Byddai'r merched yn y lluniau wedi benthyg y betgynau a'r siolau gan eu mamau er mwyn cael tynnu eu llun. Doedden nhw ddim yn gwisgo'r dillad hyn bob dydd, mewn gwirionedd.

Felly, diolch i Arglwyddes Llanofer a'r ffotograffwyr, daeth y betgwn, y siôl a'r het ddu, dal yn wisg genedlaethol Cymru, yn cael ei gwisgo mewn digwyddiadau pwysig. Pan orymdeithiodd rhai o ferched Cymru yn Llundain i hawlio'r bleidlais i fenywod yn 1910 gwisgon nhw fersiwn o'r wisg Gymreig er mwyn tynnu sylw at eu hachos. Dyma pryd, hefyd, y daeth y wisg i gael ei chysylltu â dathlu Dydd Gŵyl Dewi. Ac fe ddaeth y wisg yn arbennig o boblogaidd ymhlith dawnswyr gwerin yn yr ugeinfed ganrif.

Ond nid dyma'r unig wisg Gymreig i ferched. Yn ddiweddar, mae rhai merched wedi gwisgo ffrogiau o faner Cymru. Gwisgodd Shirley Bassey, y gantores enwog o Tiger Bay, Caerdydd, ffrog wedi'i gwneud o faner y ddraig goch yn y cyngerdd mawr i ddathlu agor Cynulliad Cenedlaethol Cymru yn 1999.

A beth am y bechgyn a'r dynion? Oes gwisg genedlaethol, fel cilt yr Alban, ar eu cyfer? Fe geisiodd Arglwyddes Llanofer ddyfeisio gwisg i'w gweision, ond ddaeth hi ddim yn boblogaidd. Wrth ddawnsio gwerin bydd y dynion yn aml yn gwisgo rhyw fath o wisg Gymreig. Byddan nhw'n gwisgo cap fflat, gwasgod, trowsus pen-glin a chlocsiau, ac weithiau bydd bechgyn yn gwisgo fel hyn ar Ddydd Gŵyl Dewi hefyd.

Ond y wisg fwyaf poblogaidd nawr yw crys coch tîm rygbi Cymru. Mae bechgyn a merched o bob oed yn hoffi gwisgo hwn!

Dewi a Fi

Dewi Pws Morris

Doedd dim rhaid iddo yntau
Fynd i'r ysgol fawr fel fi,
Na chael gwersi diflas, hir
Am oriau maith, di-ri.

Doedd dim rhaid iddo fe ddiodde
Mynd i'r twba bob nos Lun,
Na mynd i'r gwely'n gynnar
Am fod Mam yn teimlo'n flin.

Doedd e ddim yn gorfod poeni
Fod ei dreinyrs yn rhy hen,
Na mynd i weld ei fodryb gas
Ac esgus bod yn glên.

Doedd yno ddim i'w boeni
Yn oes euraid hud y plant,
A dyna pam mai 'mond DEWI wyf fi
Ac yntau'n Dewi SANT!

Cennin Pedr

Gwyn Thomas

O agor y ddôr yr oedd yno
Ar fwrdd, yn llonydd, gyffro
Powlennaid o oleuni
A ffanffer o utgyrn melyn
Yn llawen-lawn o wanwyn
Yn seinio – 'Deffro!
Deffro!'

Clocsiau Bach Mam-gu

Gwen Redvers Jones

Maes y Briallu,
Llangoed
SA51 1LJ
28 Ionawr

ANNWYL OLGA,

Sut wyt ti? Dwi ddim yn gwybod pam 'mod i'n dal i ysgrifennu'r cyfeiriad ar ddechrau pob llythyr. Rwyt ti'n ei wybod yn iawn erbyn hyn!

Wythnos diwethaf digwyddodd Mam sôn wrth 'Byth a hefyd', yr athrawes Gymraeg, ein bod ni'n dwy'n ysgrifennu at ein gilydd yn aml. Mae'n siŵr bod yr athrawon wedi bod yn trafod hyn yn ystafell y staff, oherwydd y diwrnod canlynol dyma'r athrawes Saesneg yn cyhoeddi ei bod hi wedi cael syniad gwych. Roedd hi'n meddwl y dylai plant ein hysgol ni anfon llythyrau at blant dy ysgol di yn yr Iseldiroedd. Mae hi'n meddwl bod cyfathrebu a llythyru'n bwysig iawn er mwyn i ni ddysgu ysgrifennu'n gywir. Dyw hi ddim yn credu bod tecstio'n dda i'n sgiliau ysgrifennu ni. Nefi blw, ym mha oes mae hi'n byw? Mae pawb yn tecstio erbyn hyn!

Mae plant yr Iseldiroedd i gyd yn siarad Saesneg meddai hi, felly fydd 'na ddim anhawster i ddeall ein gilydd. Dwi ddim yn credu bod Mam wedi sôn dy fod ti'n gallu siarad pedair iaith – Cymraeg gyda dy fam, Almaeneg gyda dy dad ac Iseldireg a Saesneg.

Gobeithio na fydd pawb yn fy nosbarth i'n dod i wybod taw arna i mae'r bai. Fydd neb yn rhy bles os byddan nhw'n darganfod y gwir! Dwi'n mwynhau anfon llythyrau atat ti, ond mae hynny'n wahanol.

Bydda i'n ysgrifennu atat ti beth bynnag, a hynny yn Gymraeg, ond wedyn bydd yn rhaid i mi ysgrifennu at rywun arall yn Saesneg. Alla i ddim anfon yr un llythyr at y ddwy ohonoch chi. Bydd y llythyrau atat ti'n rhy bersonol i'w hanfon at unrhyw un arall. Gan dy fod ti'n gyfnither i mi, dwi'n gallu sôn am hanes y teulu ynddyn nhw. Fydda i ddim yn gallu dweud wrth neb

45

arall fod Mam-gu wedi trio agor drws Volkswagen People Carrier ym maes parcio'r archfarchnad y diwrnod o'r blaen, a ninnau wedi mynd yno yn y Nissan X Trail! Roedd hi'n ffaelu deall pam nad oedd yr allwedd yn ffitio! Byddai rhywun dieithr yn meddwl fy mod yn ddwl taswn i'n sôn am hynny.

Beth bynnag, bydd yn rhaid i'r llythyr fod yn Saesneg ac mae Miss am i ni sôn am bethau fel traddodiadau Cymru. Ond rhywbeth i hen bobl yw traddodiadau. *Boring*! Dwi ddim eisiau siarad am draddodiadau. Byddai'n well gen i siarad am y clecs diweddaraf!

Mae'n siŵr y bydd yn rhaid i mi sôn am yr hen eisteddfod ysgol flynyddol fondigrybwyll. Mae'r athrawon wedi dechrau codi stêm yn barod. Dwi'n siŵr fod ganddyn nhw larwm eisteddfodol sy'n dechrau canu ar ail ddiwrnod tymor y gwanwyn ac sy'n mynd yn uwch ac yn uwch ac yn uwch nes cyrraedd uchafbwynt ar Fawrth y cyntaf. Dwi'n meddwl yn aml na wnaeth yr hen Arglwydd Rhys, wrth iddo gynnal yr eisteddfod gyntaf erioed yn ei gastell yn Aberteifi, erioed ddychmygu'r fath beth â llysoedd ysgol yn cystadlu yn erbyn ei gilydd. Eleni eto, bydd pob plentyn yn cael ei fam i wnïo rosét mawr iddo'i wisgo un ochr i'w frest a chenhinen neu genhinen Bedr yr ochr arall. Bydd pocedi wedi'u stwffio â losin ac ambell Nintendo wedi'i guddio o dan siwmperi un neu ddau o'r plant. Yna, bydd y dirprwy bennaeth yn datgan ar ôl y gwasanaeth:

'Cyn dechrau ar ddigwyddiadau'r dydd, cofiwch ein bod yn disgwyl ymddygiad gweddus gan bawb. Does neb i chwibanu na gweiddi "bw".' Yr un hen beth sydd ganddo i'w ddweud bob blwyddyn.

Eleni mae pawb yn gorfod gwneud o leiaf ddwy eitem lwyfan a darn o waith ar gyfer y gystadleuaeth gwaith cartref. Wrth lwc, mae'r côr yn cael ei ystyried fel un eitem. Rhaid cystadlu yn y cystadlaethau hynny am mai'r athrawon sy'n eu trefnu nhw. Maen nhw'n gwybod yn syth pwy sydd heb gystadlu.

Mae un o'r bechgyn yn ein dosbarth ni yn dipyn o gymeriad. Sais yw e a does ganddo ddim diddordeb mewn eisteddfodau o gwbl. Pan glywodd gerdd dant am y tro cyntaf aeth e'n wyllt, gan roi ei ddwylo dros ei glustiau a chau ei lygaid a'i geg yn glep. Roedd e'n edrych yn gywir fel rhywun yn dioddef o'r ddannoedd. Roedd e'n meddwl bod yr enw 'cerdd dant' yn siwtio i'r dim!

Dwi yn y côr, fel pawb arall, a dwi'n mynd i glocsio hefyd. Dwi'n mwynhau clocsio ond dwi ddim yn siŵr beth fydd yn digwydd pan fydda i'n cystadlu ar fy mhen fy hun. Dwi ddim cystal â phan dwi mewn grŵp yn yr Aelwyd. Wyt

ti erioed wedi clocsio yng nghlocsiau arbennig yr Iseldiroedd? Mae'n siŵr y byddai'n waith anodd iawn ond byddai'r sŵn ar y llawr yn arbennig.

Wyt ti'n cofio clocsiau bach Mam-gu sydd yn ein tŷ ni? Maen nhw'n cael eu cadw ar bwys y lle tân yn y lolfa. Mae Mam yn dal i'w polisio nhw ac maen nhw'n edrych yn sbesial. Mae gan Mam-gu sawl stori am y troeon yr enillodd hi gystadlaethau flynyddoedd maith yn ôl yn gwisgo'r clocsiau hyn, ac mae Mam a dy fam di wedi'u gwisgo nhw mewn sawl cystadleuaeth ac wedi ennill hefyd. Falle bod y clocsiau'n rhai lwcus!

Ers pan oeddwn i'n fach dwi wedi bod yn gofyn a gofyn am gael eu gwisgo nhw am fy nhraed, ond byddai Mam yn gwrthod bob tro. 'Fe gei di wisgo nhw pan fydd yr amser yn iawn,' fyddai Mam yn ei ddweud wrtha i. Ond pryd fydd yr amser yn iawn a sut fydd hi'n gwybod? Dwi ddim yn moyn clocsio ynddyn nhw, dim ond eu gwisgo nhw am fy nhraed.

Dywedais wrthi y diwrnod o'r blaen fod fy nghlocsiau i'n pinsio a bod angen rhai newydd arna i erbyn yr eisteddfod.

'Ocê,' meddai'n eitha ffwr-bwt. 'Gawn ni weld.'

Dwi'n dal i ymarfer yn yr hen rai sydd gen i ond dy'n nhw ddim yn gyfforddus iawn. 'Pwt ar y Bys' ydy enw'r ddawns. Mae'n siŵr bod dy fam yn ei chofio. Gofyn iddi ei dangos i ti a falle y cei di ei dawnsio hi yn dy glocsiau Iseldiraidd! Dwi ddim yn siŵr beth yw'r dirgelwch ambutu clocsiau bach Mam-gu ond mae rhywbeth rhyfedd amdanyn nhw. Rhyw ddirgelwch mawr. Pam nad ydw i erioed wedi cael eu gwisgo?

Dyma bwt bach arall o newyddion i ti. Mae bachgen ym Mlwyddyn Wyth yn fy ffansïo i. Wir nawr. Mae e'n lysh. Bedwyr yw ei enw, ac mae e'n dal gyda gwallt du. Mae wedi fy nhecstio i sawl gwaith ac ry'n ni'n cwrdd i lawr ar bwys y bysys amser cinio. Mae criw bach ohonon ni'n cwrdd yno bob dydd. Dyw e ddim wedi gofyn i fi fynd mas gydag e eto ond dwi ddim yn credu y bydd e'n hir cyn gofyn. Gobeithio! Byddwn i'n dwlu mynd ar y bws i'r pwll nofio yn Abertawe gydag e. Mae merch arall yn ein dosbarth ni'n ei ffansïo hefyd. Mae hi wedi bod yn ei decstio ers sbel a buon nhw'n mynd mas am sbel, ond gorffennodd e gyda hi. Mae hi'n gallu bod yn gas weithiau. Mae hi'n cystadlu yn y clocsio yn yr eisteddfod hefyd. Fe fydda i mor siomedig os bydd hi'n fy maeddu. Bydda i'n gwybod bod Bedwyr yn gwylio a dwi ddim yn moyn iddo ei gweld hi'n ennill.

Fe wna i anfon llythyr atat ti ar ôl yr eisteddfod. Falle bydda i wedi datrys dirgelwch clocsiau bach Mam-gu erbyn hynny.

Cofion annwyl (dwi'n swnio fel Mam-gu!),

Leusa

Annwyl Olga,

Gredi di byth! Enilles i'r gystadleuaeth glocsio! Wir! Rhyw wythnos cyn yr eisteddfod, pan ddes i adref o'r ysgol, dywedodd Mam,

'Os yw'r clocsiau 'na yn pinsio'n gas, gwell i ti drio clocsiau bach Mam-gu.'

Cicies fy sgidiau i ffwrdd ar unwaith, ond cyn i mi ruthro am y clocsiau dyma Mam yn rhoi bloedd fel y cyrnol yn y gân 'Bonheddwr Mawr o'r Bala' roedd Mam-gu'n ei chanu i ni pan oeddwn i'n fach.

'Dal yn sownd!' gwaeddodd. 'Gorffenna dy swper yn gyntaf.'

Ro'n i ar hast i lowcio'r te. Ro'n i wedi bod eisiau gwisgo'r clocsiau ers pan oeddwn yn ferch fach. Wedi i mi orffen bwyta, dyma fi'n rhuthro i'r lolfa a rhoi fy nhraed i mewn i'r clocsiau'n araf bach. Roedd Mam yn sefyll yn y drws yn edrych arna i'n fanwl. Cyn gynted ag yr aeth fy nhraed i mewn iddyn nhw roedd hi fel petai'r clocsiau wedi dod yn fyw a'u bod yn rheoli fy nhraed, gan wneud pob math o stepiau cyflym anhygoel.

Gredi di byth, ond dyna'r teimlad rhyfeddaf erioed. Dwi ddim wedi cael sioc drydanol erioed ond dwi'n gallu dychmygu taw teimlad fel yna yw e. Roedd fy nhraed a 'nghoesau i'n llawn pinnau bach ac yn

ysu am gael symud. Dwi'n deall pam roedd Mam yn edrych mor fanwl arna i nawr! Roedd hi'n gwybod beth fyddai'n digwydd. Mae'n siŵr ei bod hi a Mam-gu ac Anti Mair wedi cael yr un profiad.

Ro'n i'n dyheu am wisgo fy ngwisg wlanen a chael y sgert yn chwyrlïo o 'nghwmpas wrth i mi ddawnsio. Doedd trowsus ysgol ddim yn gwneud y tro o gwbwl. Bues i'n ymarfer yn y clocsiau bob nos cyn yr eisteddfod ac roedd yr un peth yn digwydd bob tro. Does dim rhyfedd nad oedd Mam yn gadael i mi eu rhoi am fy nhraed cyn hynny. Roedd yn rhaid i mi ddysgu'r sgiliau i gyd yn gyntaf. Ar ôl i mi feistroli'r stepiau ro'n i'n barod i gael y clocsiau.

Pan wawriodd bore'r eisteddfod, ro'n i'n llawn cyffro. Yn rhyfedd iawn, doeddwn i ddim yn teimlo'n nerfus o gwbwl. Dwi ddim yn gwybod sut, ond dwi'n credu taw clocsiau bach Mam-gu roddodd hyder i fi. Mam-gu, Mam, Anti Mair a nawr fi, Leusa, yn dawnsio yn yr hen glocsiau. Roedd e fel gwisgo adenydd am fy nhraed. Ro'n i'n teimlo mor ysgafn â phluen. Yn ôl y beirniad wnes i ddim un camgymeriad ac roedd fy amseru'n berffaith. Doedd y ferch gas ddim yn hapus o gwbl pan glywodd nad oedd hi wedi ennill! Dyna'r tro cyntaf erioed i mi ei maeddu hi.

Pan fydd y clocsiau'n mynd yn rhy fach i fi, byddan nhw'n mynd yn ôl o flaen y tân. Mam sy'n eu polisio nhw nawr ond pan fydda i'n ddigon hen, bydd hi'n rhoi'r dasg honno i fi.

Wyt ti'n gwybod beth? Efallai nad yw'r peth traddodiad 'ma mor ddiflas â hynny wedi'r cwbl! A diolch i'r hen Arglwydd Rhys am ddechrau'r eisteddfod. Oni bai amdano fe, fyddwn i ddim yn gwybod cyfrinach y clocsiau bach, nac yn deall y traddodiad o drosglwyddo rhywbeth o genhedlaeth i genhedlaeth. Mae'n gwneud i mi deimlo'n falch iawn o 'nheulu.

Cofion traddodiadol!
Leusa

O.N. Dwi'n mynd i ddisgo'r Aelwyd gyda Bedwyr. Ond fydda i ddim yn gwisgo clocsiau bach Mam-gu!

Cennin Pedr

Olwen Williams

Fe gofiwn Fawrth y cyntaf,
Dydd Dewi, ffrind y plant,
Y Cymro fu'n pregethu
A pharchwn ef, ein sant.

Cawn wisgo cennin Pedr
Sy'n tyfu ar bob llaw,
Pan gilia oerni'r gaeaf
Y gwanwyn fydd gerllaw.

Bydd cyngerdd yn yr ysgol,
Adroddwn am ein sant,
A chanwn hen alawon
A dawnsio gyda'r tant.

Cofiwch am y Pethau Bychain

Aneirin Karadog

Roedd pethau mawr yn poeni Siôn,
yn poeni Siôn o hyd,
a phethau mwy, yn ôl y sôn,
na phethau mwya'r byd.

Fe boenai am yr ymladd nawr
ym mhedwar ban y byd,
ac am y ffaith fod arian mawr
mewn ambell boced ddrud.

A'i ben yn uwch na'r awyr iach
a holl gymylau'r wlad,
anghofiodd am ei ffrindiau bach
a beth oedd wrth ei dra'd.

Anghofiodd hefyd am y chwyn
a dyfai'n uwch bob pnawn;
anghofiodd frwsio'i ddannedd gwyn,
anghofiodd 'molchi'n iawn.

Wrth boeni am y pethau mawr,
anghofiodd fwyta'i fwyd,
a chyn pen dim roedd Siôn y Cawr
yn llai na'r Llipryn Llwyd.

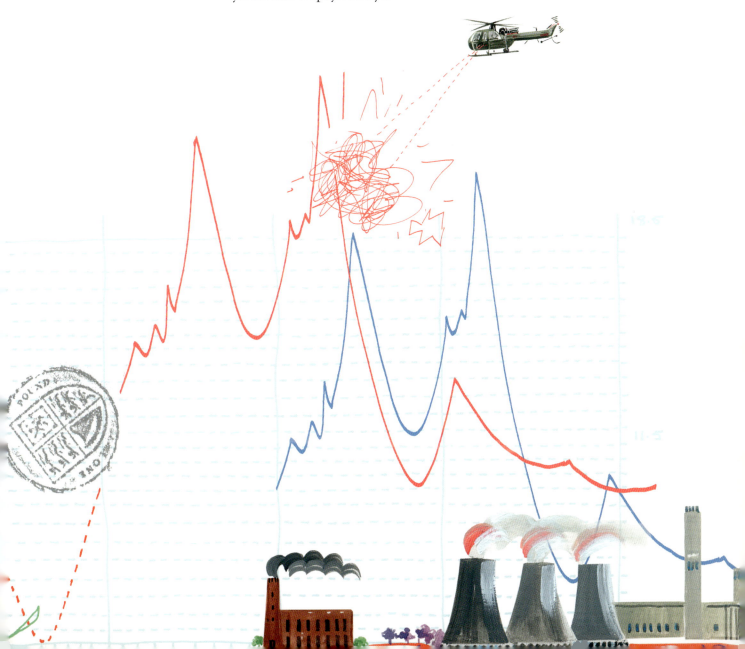

Defi a'r Golomen

Helen Emanuel Davies

Prynhawn Gwener oedd hi. Safai Miss Erasmus o flaen y dosbarth. Ew! Roedd Defi wedi cael hen ddigon ar yr ysgol heddiw. Roedd e'n dyheu am i'r gloch ganu er mwyn cael mynd adre!

'Pwy sy'n gwybod pa ddyddiad yw hi ddydd Llun?' gofynnodd Miss Erasmus.

Saethodd llaw Mari Elen i fyny i'r awyr. Hi fyddai'n ateb gyntaf bob amser.

'Mawrth y cyntaf,' meddai'n bwysig.

'A pham mae Mawrth y cyntaf yn ddyddiad pwysig i'r Cymry?'

'Dydd Gŵyl Dewi yw e,' meddai Mari Elen, gan edrych o'i chwmpas yn falch. Doedd neb o'r plant yn hoff iawn o Mari Elen. Roedd hi bob amser eisiau dangos pa mor glyfar oedd hi.

Dechreuodd Miss Erasmus siarad am Ddydd Gŵyl Dewi, am fwyta cawl a gwisgo cennin neu gennin Pedr ac am wisgo gwisg Gymreig. Yna soniodd am Dewi Sant ei hun. Dywedodd ei fod yn ddyn da, ac adroddodd rai straeon o'i hanes.

'Un tro,' meddai, 'roedd Dewi'n siarad o flaen llawer iawn o bobl, ond doedden nhw ddim yn gallu ei glywed. Yna digwyddodd rhywbeth rhyfedd – cododd y tir dan ei draed, a gallai pawb ei weld. Glaniodd colomen ar ei ysgwydd hefyd . . .'

Tan hynny, doedd Defi ddim wedi rhoi llawer o sylw i'r hyn roedd Miss Erasmus yn ei ddweud, ond wrth glywed sôn am y golomen, dechreuodd wrando. Colomennod oedd yr unig beth gwerth chweil ym mywyd Defi yng Nghwm Tawe.

Bachgen o Lundain oedd Defi, ond ychydig fisoedd yn ôl ym mis Ionawr 1940, ar ôl i'r rhyfel ddechrau, roedd ei rieni wedi'i anfon i fyw at ei fam-gu a'i dad-cu ar gyrion pentref y tu allan i Gastell-nedd. Roedden nhw'n teimlo bod Llundain yn rhy beryglus i blant, gyda'r holl fomiau'n disgyn ymhobman.

Roedd Tad-cu a Mam-gu'n garedig iawn wrth Defi, ond roedd yn teimlo

54

hiraeth mawr am ei rieni a'i ffrindiau yn Llundain. Roedd hefyd yn gweld colli bwrlwm Llundain, sŵn y traffig, y trenau tanddaearol a'r prysurdeb i gyd. Breuddwydiai weithiau am deithio gyda Mam a Dad ar un o'r bysys mawr coch i weld y colomennod yn Sgwâr Traffalgar.

Roedd Miss Erasmus yn dal i siarad. 'Felly, blant,' meddai, 'dyma'ch gwaith cartref erbyn dydd Llun. Dewch â rhywbeth i'r ysgol i ddathlu Gŵyl Ddewi. Dewch â llun neu bennill neu gennin Pedr. Cewch chi ddewis.'

Ar hynny canodd y gloch. Hwrê! Roedd hi'n bryd mynd adre o'r diwedd. Roedd y plant eraill yn cerdded adre bob yn ddau neu dri gyda'u ffrindiau, ond ar ei ben ei hun yr oedd Defi. Doedd e ddim wedi gwneud llawer o ffrindiau yn yr ysgol, a theimlai braidd yn unig. Galwodd yn siop y pobydd ar ei ffordd i gasglu torth o fara i Mam-gu, yna cychwynnodd adre dros y comin. Edrychodd o'i gwmpas yn ofalus. Weithiau roedd merlod ar y comin, ac os oedden nhw'n gweld y bara bydden nhw'n rhedeg ar ôl Defi ac yn ceisio dwyn y dorth.

O na! Dyna nhw draw yn y pen pellaf! Rhedodd Defi nerth ei draed a chyrraedd Penpompren, cartre Tad-cu a Mam-gu, a'i wynt yn ei ddwrn. Roedd y merlod yn dynn ar ei sodlau, ond roedd y bara'n ddiogel, diolch byth!

'Helô, Defi,' meddai Mam-gu'n garedig, 'shwd a'th pethe yn yr ysgol? Da'th llythyr oddi wrth dy fam i ti heddiw.' Estynnodd amlen i Defi. 'Anfonodd hi lythyr ata i hefyd. Mae'n gofyn i mi roi arian poced i ti bob wthnos – dwy geiniog.'

'Dwy geiniog? Chwarae teg i Mam!'

'Fory,' meddai Mam-gu, 'ma Tad-cu'n mynd i'r farchnad yng Nghastell-nedd. Beth am i ti fynd gydag e i wario dy ddwy geiniog?'

'Ble mae Tad-cu nawr?' gofynnodd Defi.

'Mas gyda'r colomennod wrth gwrs,' atebodd Mam-gu.

Rhedodd Defi allan i'r cwt colomennod. Roedd wrth ei fodd â cholomennod Tad-cu. Roedden nhw'n wyn ac yn hardd a bydden nhw'n gwneud sŵn fel canu grwndi yn eu gyddfau. Roedd Tad-cu'n ddyn amyneddgar iawn ac roedd wedi dysgu'r colomennod i ddod yn ôl a glanio ar ei ysgwydd ar ôl hedfan. Yna bydden nhw'n cymryd bwyd o'i law.

Blodwen oedd ffefryn Defi, ac wrth iddo gerdded draw at y cwt ym mhen draw'r ardd, gwelodd fod Blodwen yn troi ei phen tuag ato.

'Mae hi'n dy nabod di, Defi,' meddai Tad-cu â gwên. 'A dwi'n clywed dy fod ti'n ddyn cyfoethog. Dwy geiniog yr wthnos! Ar beth wyt ti'n mynd i wario'r arian, dwed?'

'India-corn i Blodwen,' atebodd Defi ar unwaith.

Y diwrnod wedyn aeth Defi a Tad-cu ar y bws i Gastell-nedd. Roedd rhestr siopa ganddyn nhw o bethau roedd Mam-gu eu heisiau o'r farchnad. Cymerodd y siopa amser hir, oherwydd roedd Tad-cu'n nabod pawb yng Nghastell-nedd, ac roedd yn rhaid iddo gael sgwrs â phob un ohonyn nhw. Cafodd Defi ddigon o amser i edrych o'i gwmpas. Edrychodd ar y cacennau blasus ar stondin y pobydd, ond wnaeth e ddim prynu dim byd. Edrychodd ar y stondin deganau, ond wnaeth e ddim prynu dim byd yno chwaith. O'r diwedd daethon nhw at stondin fach yng nghornel y farchnad, a phrynodd Defi fag o india-corn i Blodwen.

Treuliodd weddill y penwythnos bron i gyd wrth y cwt colomennod. Roedd e wedi gweld Tad-cu'n dysgu'r colomennod i lanio ar ei ysgwydd a bwyta corn o'i ddwylo, ac roedd Defi'n ceisio dysgu Blodwen i wneud yr un fath gydag e. Gwyliodd Tad-cu â gwên yn ei lygaid.

'Mae Blodwen yn dwlu arnat ti,' meddai wrth Defi.

Daeth dydd Llun lawer yn rhy fuan. Ych a fi, meddyliodd Defi, wrth ddeffro yn y bore. 'Nôl i'r ysgol.

Ar ôl iddo gyrraedd yr ysgol, aeth pethau o ddrwg i waeth. Bob bore Llun, byddai Miss Erasmus yn rhoi prawf mathemateg i'r dosbarth. Doedd Defi ddim yn hoffi mathemateg, ac roedd e'n casáu'r prawf.

Yna meddai Miss Erasmus, 'Mae hi bron yn amser cinio, ac fe wnawn ni ychydig o ddarllen. Ond ar ôl cinio, bydda i'n gofyn i bob un ohonoch chi ddangos beth rydych chi wedi dod gyda chi ar gyfer Gŵyl Ddewi.'

Ar unwaith, saethodd llaw Mari Elen i'r awyr.

'Ie, Mari Elen?' gofynnodd Miss Erasmus.

'Dwi wedi copïo darn o farddoniaeth am Dewi Sant o lyfr Dad,' meddai'n hunanbwysig, 'a dwi wedi gwneud llun o Dewi Sant. Bues i'n gweithio arno trwy'r penwythnos, a . . .'

'Iawn, o'r gorau, Mari Elen,' meddai Miss Erasmus yn frysiog. Roedd hi hyd yn oed yn cael digon ar Mari Elen weithiau. 'Cawn ni weld popeth ar ôl cinio.'

Ond beth am Defi? Roedd e wedi anghofio popeth am y gwaith cartref. Gwelodd fod pawb arall wedi dod â lluniau neu gennin Pedr neu gennin neu het Gymreig. O na! Beth oedd e'n mynd i'w wneud? Bu'n gofidio trwy amser cinio. Ar ôl gorffen ei fwyd, crwydrodd o gwmpas buarth yr ysgol ar ei ben ei hun gan geisio meddwl sut oedd e'n mynd i egluro wrth Miss Erasmus nad oedd wedi paratoi unrhyw beth. Doedd ganddo ddim syniad beth i'w ddweud! Yna canodd y gloch. O na! Roedd e mewn trwbwl!

Roedd yn rhaid i bawb ffurfio rhes ar y buarth a cherdded i mewn i'r dosbarth. Defi oedd yr olaf yn y rhes. Edrychodd i fyny i'r awyr. Roedd colomennod yn hedfan o gwmpas. Tybed ai rhai Tad-cu oedden nhw? Yna'n sydyn cafodd Defi fflach o syniad! Beth ddywedodd Miss Erasmus am Dewi Sant a'r golomen? Roedd hi wedi glanio ar ei ysgwydd. Pe bai ond yn gallu cael Blodwen i ddod i lawr ato . . . Rhoddodd Defi ei law yn ei boced. Oedd, roedd ganddo ddyrnaid o india-corn. Aeth i sefyll yng nghanol y buarth. Safodd yn stond a dal ei fraich allan. Am ychydig ddigwyddodd dim byd. Roedd y colomennod yn hedfan o gwmpas yn uchel uwch ei ben. Gwelodd Defi fod y plant eraill wedi cyrraedd y dosbarth. Roedd rhai ohonyn nhw â'u trwynau'n dynn yn erbyn y ffenest yn edrych arno. Yna daeth rhagor o blant. Yn fuan roedd pawb yn y dosbarth yn syllu'n syn arno.

O na! Doedd y colomennod ddim wedi ei weld. Gwelodd fod rhywun arall hefyd wrth y ffenest erbyn hyn. Roedd Miss Erasmus yn gwylio!

Yna'n sydyn, hedfanodd un golomen oddi wrth y lleill, a dechrau hedfan i lawr tuag at Defi. Daeth yn nes ac yn nes. Chwarae teg i Blodwen! Roedd hi wedi'i weld. Glaniodd ar ysgwydd Defi a bwyta india-corn o'i law.

Trodd Defi at y ffenest. Roedd wrth ei fodd. 'Glaniodd colomen ar ysgwydd Dewi Sant,' meddai. 'A dwi wedi dysgu Blodwen i lanio ar fy ysgwydd i. Dwi wedi gwneud fy ngwaith cartref.'

Pan aeth yn ôl i'r dosbarth, clapiodd y plant i gyd eu dwylo ac roedd Miss Erasmus yn wên o glust i glust.

'Da iawn, Defi,' meddai. 'Mae'n amlwg dy fod ti wedi gweithio'n galed iawn dros y penwythnos!'

Dangosodd Mari Elen ei llun ac adrodd ei phenillion, a dangosodd pawb arall eu pethau Gŵyl Ddewi, ond roedd hi'n amlwg mai Defi a'i golomen oedd wedi mynd â sylw'r plant.

Amser chwarae, daeth Morgan, un o'r bechgyn eraill, i siarad â Defi.

'Ro'n i wedi mwynhau gweld y golomen yn glanio ar dy ysgwydd,' meddai. 'Wnei di ddysgu fi i wneud yr un peth?'

'Wrth gwrs,' atebodd Defi'n hapus. 'Dere adre ar ôl ysgol gyda fi.'

Yn sydyn, teimlai Defi'n llawer llai unig. Roedd bywyd yn edrych yn well. Roedd ganddo ffrind ac roedd ganddo'i golomen! Diolch, Tad-cu! Diolch, Blodwen! Diolch, Dewi Sant!

Neges Olaf Dewi Sant

Gwyn Thomas

Y Sul cyn iddo farw,
'Arglwyddi,' meddai Dewi,
'Fy mrodyr da a'm chwiorydd,
    Na fyddwch drist na chwerw;
      Na cherddwch yr heolydd
        Yn wylo; hyd y dolydd
        Nac ewch yn druan ac yn brudd.

'Ond gwnewch y pethau bychain
A welsoch ac a glywsoch,
Gyfeillion, gennyf fi;
O, gwnewch y pethau bychain
All newid gwedd ein Cymru
A'i dwyn dan ofal Iesu;
A byddwch lawen, byddwch gry.'